驾驶员心理健康手册

孙 云 李 浪 主编
姚 馨 李梦霄 副主编

人民交通出版社
北京

内容提要

本手册是驾驶员心理健康科普读物,从心理健康与幸福人生,认识自我与完善人格,心理认知与行车安全,情绪管理与情商培养,压力、挫折与危机应对,驾驶员的身心保健几个方面,带领驾驶员了解心理健康常识,树立重视心理健康的意识,自觉维护自己的心理健康。

本手册适合各类驾驶员阅读,也可供运输企业管理人员学习参考。

图书在版编目(CIP)数据

驾驶员心理健康手册 / 孙云,李浪主编. — 北京:人民交通出版社股份有限公司,2024.12
ISBN 978-7-114-19285-2

Ⅰ.①驾… Ⅱ.①孙…②李… Ⅲ.①汽车驾驶员—心理健康—手册 Ⅳ.①U471.3-62

中国国家版本馆CIP数据核字(2024)第024613号

Jiashiyuan Xinli Jiankang Shouce

书　　名:	驾驶员心理健康手册	
著 作 者:	孙　云　李　浪	
责任编辑:	刘　洋	
责任校对:	赵媛媛　魏佳宁	
责任印制:	张　凯	
出版发行:	人民交通出版社	
地　　址:	(100011)北京市朝阳区安定门外外馆斜街3号	
网　　址:	http://www.ccpcl.com.cn	
销售电话:	(010)85285857	
总 经 销:	人民交通出版社发行部	
经　　销:	各地新华书店	
印　　刷:	北京建宏印刷有限公司	
开　　本:	880×1230　1/32	
印　　张:	2.5	
字　　数:	64千	
版　　次:	2024年12月　第1版	
印　　次:	2024年12月　第1次印刷	
书　　号:	ISBN 978-7-114-19285-2	
定　　价:	25.00元	

(有印刷、装订质量问题的图书,由本社负责调换)

编 写 组

主　编：孙　云　李　浪
副主编：姚　馨　李梦霄
成　员：谢玉波　孙建强　周　鑫　黄椿舒
　　　　王丽娟

前　　言

道路运输驾驶员以汽车驾驶工作为职业,是道路交通安全的主要参与者,他们的身心健康关系到人民群众的生命财产安全。关心关注驾驶员身心健康,是政府、社会及企业共同的责任。

2021年6月修订的《中华人民共和国安全生产法》第四十四条规定:"生产经营单位应当关注从业人员的身体、心理状况和行为习惯,加强对从业人员的心理疏导、精神慰藉,严格落实岗位安全生产责任,防范从业人员行为异常导致事故发生。"2022年1月11日,交通运输部印发《关于进一步加强交通运输安全生产体系建设的意见》,其中第十八条规定:"高度关注'两客一危'、城市公共交通和客渡游船等领域从业人员的身体、心理状况和行为习惯,加强心理疏导、精神慰藉,严格企业管理责任落实。"2023年11月11日,交通运输部、公安部、应急管理部联合修订印发《道路旅客运输企业安全管理规范》,明确提出"客运企业应当关心客运驾驶员的身心健康"。2024年10月,国务院发布的《城市公共交通条例》第三十二条规定:"城市公共交通企业应当关注重点岗位人员的身体、心理状况和行为习惯,对重点岗位人员定期组织体检,加强心理疏导,及时采取有效措施防范重点岗位人员身体、心理状况或者行为异常导致运营安全事故发生。"

本书作者多年从事驾驶员心理研究，使用自主研发的道路运输驾驶员心理适宜性测评系统对10万余名营运驾驶员做了测评。大量的驾驶员测评数据证实了驾驶员的综合心理素质与驾驶安全性之间有显著的联系，表明了驾驶员心理健康服务的必要性和迫切性。运输企业关爱驾驶员的心理健康，一方面可以让驾驶员更热爱自己的工作，更有责任心，更健康，更快乐；另一方面可以减少交通事故的发生。

《驾驶员心理健康手册》作为驾驶员心理保健的普及性知识读物，具有一定专业性、趣味性和实用性。本书能够帮助驾驶员认识心理调适的意义，寻找引发负面情绪的压力源，掌握化解负面情绪的方法，使驾驶员学会自我调节，及时释放压力，保持平稳心态，以积极的心态和饱满的热情投入工作中。

由于编者的水平和精力有限，对营运驾驶员的调查和了解尚存局限，加之驾驶员职业心理学可供参考的资料也不够丰富，本书难免存在不足之处，恳请读者批评指正（编者电子邮箱：641698780@qq.com）。

编 者

2024 年 12 月

目 录

第一讲　心理健康与幸福人生 ………………………………………… 1
 一　健康从健心开始——心理保健入门 ………………………… 1
 二　心安稳、路平安——驾驶员心理素质要求 ………………… 5
 三　寻找幸福的密码——爱岗敬业、积极人生 ………………… 6

第二讲　认识自我与完善人格 ………………………………………… 10
 一　我是一个什么样的人？——认识真实的自己 ……………… 10
 二　我可以变得更好——塑造健全人格 ………………………… 14
 三　我适合做驾驶员吗？——人格与驾驶安全 ………………… 17

第三讲　心理认知与行车安全 ………………………………………… 22
 一　确认安全再出发——驾驶员的感知觉 ……………………… 22
 二　危险就在一瞬间——驾驶员的注意 ………………………… 26
 三　坚持才能到达终点——驾驶员的意志 ……………………… 29
 四　精力充沛才行车——疲劳与安全驾驶 ……………………… 31

第四讲　情绪管理与情商培养 ………………………………………… 35
 一　我的情绪我做主——情绪管理 ……………………………… 35
 二　我不是孤岛——人际交往能力的培养 ……………………… 40

第五讲　压力、挫折与危机应对 ……………………………………… 45
　　一　今天你紧张吗？——压力调适 ……………………………… 45
　　二　在逆境中前行——挫折应对 ………………………………… 49
　　三　生命只有一次——珍爱生命与应对心理危机 ……………… 51
　　四　我的心好累——驾驶员职业倦怠 …………………………… 55

第六讲　驾驶员的身心保健 …………………………………………… 60
　　一　和老毛病说再见——职业病及预防 ………………………… 60
　　二　保持清醒的头脑——酒驾、药驾与睡眠不足的危害 ……… 64
　　三　吃出来的"快乐"——饮食营养与心理健康 ……………… 69

第一讲 心理健康与幸福人生

当我们的身体生病时，我们会自觉地去看医生、吃药，也会很自然地告诉别人自己生病了。但当我们的心理生病时，往往得不到这么好的待遇，不仅自己会讳疾忌医，别人也会认为这些病是"性格"问题，甚至认为就是"作"，是装病，根本不会把一些异常的心理状态或行为同心理健康联系起来。需要指出的是，就像我们每一个人的身体一样，心理也会生病，心理健康也同样需要我们认真维护。

一 健康从健心开始——心理保健入门

小测试：

健康从健心开始，让我们一起来做个小测试，测一测你的心理健康程度吧！请你根据自己的实际情况，在相应位置打"√"。

心理健康与心理不健康

心理健康自测量表

序号	题目	是	无法确定	不是
1	心情总是闷闷不乐，情绪善变			
2	老是担心门没锁好，电源可能有问题，于是多次检查，甚至已经走了好远还返回来看看			
3	虽未曾患过恶性疾病，却一直担心自己会患重病			
4	容易脸红，害怕站在高处，害怕当众发言			
5	由于关心呼吸和心脏跳动的情况而难以入睡			
6	每天总是多次洗手			
7	总是担心"这样做是否顺利"，以致无法放手去做			
8	有些奇怪的观念总是出现在脑海中，明知这些念头很无聊，却又无法摆脱			
9	离开家时，如果不先从某只脚开始走，心里总是感到不安。床附近的东西一旦改变就无法入睡			
10	尽管四周的人在欢乐地取闹，自己却觉得没有什么意思			
11	外界的东西犹如影子一般朦胧，见过的东西无法清晰地回忆出来			

计分及解释：

选"是"得2分，选"无法确定"得1分，选"不是"得0分。各题得分相加得出总分。

1~11题，你的总分是（ ）。

4分及以下：心理非常健康，精神也非常正常。

5~7分：你的心理健康情况一般，可算是一个很正常的人。

8~10分：表明你的精神有些疲倦，最好是设法减轻工作的压力，开展娱乐活动以调节生活、放松精神。

11分及以上：你可能有神经衰弱的倾向，需要关心一下自己的健康了。

1.科学健康观

世界卫生组织（WHO）认为，健康包括身体健康、心理健康、社会适应良好和道德健康四个部分，缺一不可。

2.心理健康标准

2019年，中国心理卫生专家确立了中国人心理健康的6条标准与评价要素，具体如下：

（1）情绪稳定，有安全感。

（2）认识自我，接纳自我。

（3）自我学习，独立生活。

（4）人际关系和谐。

（5）角色功能协调统一。

（6）适应环境，应对挫折。

其实，人的心理健康并不是黑白分明的，而是在健康与不健康之间有很长的"灰色地带"，我们大部分人的心理健康水平处于"灰色地带"，只有少部分人存在严重的心理问题，即处于"黑色地带"，如下图所示。

积极应对生活中的困难

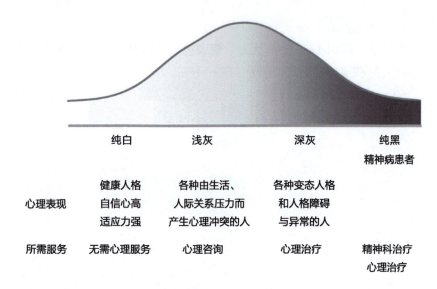

心理健康中的"灰色区域"

3.做自己心灵的主人

有的驾驶员常常这样说:我热情服务,认真工作,还是有无理取闹的乘客投诉我,我很痛苦;我大学毕业,最后还是只能来做一名驾驶员,我很痛苦;我的朋友、同事不信任我,我很痛苦;我的家庭争吵不断,妻子非常挑剔,我很痛苦……好像自己的痛苦都是别人造成的,应该由别人负责,我就是要做出痛不欲生的样子给该负责的人看。其实,每个人最关注的是他自己的事,你的心情只能由自己负责。现实生活中的很多东西我们无法选择,但是在我们的内心世界,只有自己才是唯一的主人。

保持健康的心理,具备良好的自我心理疏导能力、心理承受能力和情绪管控能力,对于行车安全尤为关键。维护自己的心理健康是一辈子的事,驾驶员应当树立自觉维护心理健康的意识,不断完善自己的人格,为自己的心理健康负责。

二　心安稳、路平安——驾驶员心理素质要求

世上有三百六十行，而我们刚好选择了驾驶员这一行。根据自然选择的法则，绝大多数驾驶员刚好就是适合从事驾驶工作的，但也有少部分驾驶员并不适合。由于驾驶工作关乎自己和他人的生命安全，因此，我们需要付出更多的努力来调整自己以适应职业要求；如果实在无法适应，就应该及时改换职业。

1.驾驶员的职业特点

驾驶员职业有如下特点：

（1）流动分散作业，个人素质要求高。

（2）环境复杂多变，心理素质要求高。

（3）危险因素随时存在，安全应对能力要求高。

（4）服务对象多样化，综合素质要求高。

（5）工作环境复杂，身心健康需重视。

服务别人　快乐自己

2.驾驶员的心理素质要求

营运驾驶员承担着保护乘客生命财产安全的责任。为了驾驶安全，驾驶员应养成良好的心理素质。良好的心理素质主要包括四个方面：

（1）积极的职业动机。确立积极的职业动机，有利于增强驾驶员的职业责任感和归属感，有助于驾驶员积极适应驾驶工作，更好地激发和维护自身的工作积极性和创造性。

（2）良好的个性品质。养成良好的个性品质是驾驶员适应驾驶职业、胜任驾驶岗位、顺利完成驾驶工作的保障，也是驾驶职业对驾驶员的心理素质要求。

（3）较高的认知水平。驾驶职业的特殊性对驾驶员心理认知能力有着特殊的要求，主要表现在智力、感知能力和反应运动能力三个方面。

良好心理素质的四个方面

（4）较强的适应能力。驾驶员既要确立积极适应的态度，又要重视良好个性的养成和认知水平的提升，不断调整自己的不适应行为，主动应对和适应职业环境。

三 寻找幸福的密码——爱岗敬业、积极人生

小测试：

寻找幸福的密码。让我们一起来做个小测试，测一测你的工作满意度吧！请你根据自己的实际情况，在相应位置打"√"。

团结友爱　互帮互助

工作满意度测试

序号	题目	非常不同意	不同意	不确定	同意	非常同意
1	有机会以自己的方式来处理事情					
2	因我的工作而有受尊重的感觉					

续上表

序号	题目	非常不同意	不同意	不确定	同意	非常同意
3	对目前公司执行政策的方式感到满意					
4	对上级作出决策的方式感到满意					
5	良好的工作表现会得到上级的赞许					
6	良好的工作表现会得到同事的赞许					
7	能从工作中获得成就感					
8	上级对待我的态度让我感到满意					
9	目前公司的工作环境让我感到满意					
10	我与公司同事彼此相处融洽					
11	我在工作中能够充分发挥自己的能力					
12	我的工作让我感觉未来有保障					
13	目前的工作给予我晋升的机会					
14	公司会为我提供培训的机会					
15	我对目前工作的薪酬感到满意					

计分及解释：

工作满意度量表包括两个维度，共15道题；选"非常不同意"得1分，选"不同意"得2分，选"不确定"得3分，选"同意"得4分，选"非常同意"得5分。计算每个维度所包括题目的总分并除以题目数，得到平均分。平均分越高表示满意度越高。各维度包括的题目如下：

维度1：1~10题，对工作本身和领导行为的满意度。

维度2：11~15题，对工作回报的满意度。

1. 认识幸福

美国哈佛大学幸福课导师沙哈尔认为，幸福的定义应该是"快乐与意义的结合"。如果想要幸福，我们就必须体验积极愉快的情绪和情感，因为快乐是幸福生

热爱学习　丰富自己

快乐的做有意义的事

活的先决条件。然而，幸福又不仅仅是愉悦的情绪体验，更在于追求那些让我们从内心深处感到有意义的目标。

2.幸福的意义

幸福不仅是美好生活的标志，而且能够促进美好生活产生新的积极因素。幸福的人通常会在生活的很多领域获得成功，如美满的婚姻、长久的友谊、稳定的工作、不错的收入、健康的心理状态等。

- 幸福感让人更聪明
- 幸福感让人更健康、长寿
- 幸福感让人工作效率和收入更高
- 有幸福感的人朋友更多

幸福的意义

3.幸福三法则

我们每个人都希望自己拥有幸福，但又常常因为陷入对过去的悔恨和对未来的焦虑之中，感受不到当下的幸福。怎么样才能获得更多的幸福呢？积极心理学之父塞利格曼给出了以下三条法则：

第一，回忆过去的时候，我们要学会在过去的时光中体验积极情绪。对过往的美好时光心存感激，理性看待过去的不幸，宽恕过去遇到的伤害，这样你就会更加幸福。

第二,眼前的幸福感主要包括愉悦、满意和心流体验。愉悦有很强的感官和情绪特点,比如狂喜、兴奋、欢笑、兴高采烈及舒适。满意是指做了我们喜欢做的事而带来的感觉。心流体验是一种将个人精神力完全投注在某种活动上,忘记了时间,忘记了烦恼的感觉。

第三,面对未来所表现出来的积极情绪包括信心、信任、自信、希望及乐观。这些积极的情绪可以帮助你在遭受打击时对抗沮丧,在面对有挑战性的工作时表现良好,并使你健康。

4.做一名幸福的驾驶员

(1)做一个身心健康的普通人。

驾驶员是一种特殊的职业,在行车过程中,各种因素使得驾驶员的动机、态度、情绪等心理现象不断发生变化,从而影响行车安全。因此,驾驶员有义务让自己保持身心健康。

(2)做一个有意义的社会人。

助人为乐 爱心无价

驾驶员通过做好自己的工作服务社会,得到社会的认同。通常最能体现个体作为社会人的意义和价值的,是他的职业道德,具体包括爱岗敬业、诚实守信、办事公道、服务群众、奉献社会。

(3)做一名幸福的驾驶员。

勤于钻研 不断提升

幸福不仅可以维护身心健康,还可以使你安全、轻松地完成工作任务。想要使自己更幸福,可以从以下几个方面努力:第一,爱上你的职业,快乐工作。第二,培养良好的身心素质。第三,脚踏实地,勤奋工作。第四,调适心理,"回归"平和心态。

第二讲 认识自我与完善人格

一 我是一个什么样的人？——认识真实的自己

 典型案例

"最帅驾驶员"孟大鹏

孟大鹏一家两代都是公交人，他的父亲曾是北京公交35路的一名优秀驾驶员。2010年，他成为北京公交41路驾驶员。孟大鹏从小就确立了自己的志向，在父亲的言传身教下，干一行，爱一行，钻一行，精一行，成一行。在车厢这个并不大的舞台上，孟大鹏坚守公交人的初心，牢记"让更多的人享受更好的公共出行服务"这一光荣使命，用真诚感动着乘客，用快乐感染着乘客，用文明感召着乘客；以贴心安全的运营服务，赢得了广大乘客的认可与支持，彰显了新时代公交人的新作为，是当之无愧的新时代最美奋斗者。2017年，孟大鹏以一名普通公交车驾驶员的身份，先后参加了北京市第十二次党代会、中国工会第十七次全国代表大会。2019年，在北京市工会第十四次代表大会上，当选工会委员会委员。2021年4月27日，被中华全国总工会授予"2021年全国五一劳动奖章"荣誉称号。

上述案例中，孟大鹏精准地自我定位，实现了自己的人生理想。而现实生活中，有的驾驶员对自己的工作意义和社会地位评价过低，这不仅会影响自己的工作积极性，还会影响自己的心理健康。为此，驾驶员如何科学地认识自我、了解自我、实现自我成为重要的议题。

开心工作　安全驾驶

1.认识自我

（1）什么是自我。

"我是谁？""我是一个怎么样的人？""我喜欢自己吗？"这些问题其实就是自我意识。自我意识是人对自己身心状态以及自己同客观世界的关系的认识。自我意识包括以下三个层次：

①自我认识：我认为自己是一个什么样的人。

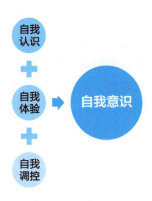

自我意识

②自我体验：我是否满意自己、接纳自己。

③自我调控：我怎样调控自己、改变自己，成为理想中的自己。

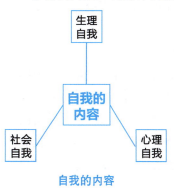

自我的内容

（2）自我的内容。

人的自我是丰富的、立体的、多角度的。自我的内容一般包括以下三个方面：

①生理自我：指个人对自己生理状态的认识和评价。

②社会自我：指个人对自己与周围关系的认识和评价。

③心理自我：指个人对自己的价值观、人生观、世界观、记忆、智力、需要、兴趣、爱好、气质、能力、性格、情绪、意志力等方面的认识和体验。

2.塑造积极的自我形象

（1）战胜自卑，增强自信。

有的驾驶员会因自己学历、收入以及社会地位不理想而感到自卑。他们往往只看到自己的短处而忽略了自身的长处，感到自己不如别人。

战胜自卑、增强自信可以从以下几个方面做起：第一，对自卑产生的危害要有清醒的认识，有勇气和决心改变自己；第二，欣赏自己的长处，接纳自己的不足；第三，对自我的经验保持开放态度，合理修正自我观念；第四，合理制定目标；第五，不受外界纷扰的影响，正确对待得失；第六，保持乐观、开朗的心态，对未来充满希望。

（2）避免以自我为中心，赢得信任。

以自我为中心的驾驶员，凡事习惯从自我出发，不会照顾其他驾驶员和乘客的需要，不适合做一名营运驾驶员。

想要克服以自我为中心，首先要摆正自己的位置，既重视自己，也不贬低他人，做好自己该做的，这才是真正的自信。其次要实事求是，既不狂妄自大，也不妄自菲薄，充分尊重自己和他人，兼容别人的思想。最后要学会设身处地从他人的角度思考问题，尊重他人的感受，关心他人。

（3）爱上不完美的自己。

接纳自己的不完美，并爱上真实的、不完美的自己，是人格成熟的重要标志。首先，人无完人、金无足赤。每个人都有不同的缺点和不足，既不可能事事都行，也不可能事事都不行。一个人应该接纳自己，并肯定自己的价值。其次，我们应该选择合适的标准，与他人比较时不要太重视别人，贬低自己；而应立足自己的长处，接受并尽力改进自己的短处。再次,给自己确立合理的目标。要在充分了解自己的基础上,设定恰当的目标和要求,不苛求自己。相信自己可以通过努力,成为更好的自己。

3.开心工作,快乐生活
(1)营运驾驶员的角色平衡。

随着社会生存压力增大,不少人开始混淆自己的职场角色和家庭角色,有的将工作压力带入家庭,或是将家庭矛盾带入工作之中,从而导致各种矛盾。

对于营运驾驶员来说,事业和家庭这两者并不矛盾,可以做到兼顾平衡。首先,驾驶员必须意识到,事业的成功和家庭的幸福同等重要,都需要维护好。其次,在忙碌工作的同时,要学会适当地释放自己,抽出空余的时间去享受家庭的温暖,缓解事业带来的压力感。也就是说,驾驶员要"扮演"好职场上和家庭中应有的角色。

爱工作　爱生活

(2)管理时间,注重效率。

驾驶员想要追求丰富多彩、积极向上的生活,主要在于能够高效地管理时间。第一,遵守规范化的工作习惯,养成健康的生活规律。第二,工作时专心工作,休息时安心休息,做家务时专心做家务,娱乐时也要尽兴地玩,陪伴家人时专心聆听孩子和爱人的话。第三,合理利用碎片时间,比如利用出车前、排队、饭后、睡前等时间处理一些碎片事情,如读书、陪伴孩子等。第四,对自己不想做的事勇敢地说"不"。

(3)清楚工作的意义,找到工作的快乐。

我们到底是在为谁工作呢?如果不尽快弄清楚这个问题,不调整好自己的心态,我们就找不到工作的意义,感受不到工作的快乐。

为自己工作	工作既能赚到养家糊口的薪水,也能锻炼我们的意志,提升我们的技能,与同事合作能完善我们的人格,与乘客交流能提升我们的人际交往能力。
为家人工作	我们在追求事业成功的路上,切勿舍弃最重要的东西——家庭和爱。为了家人而工作,会让我们充满责任感和方向感,让自己的工作更有意义。
为社会工作	营运驾驶员在为自己和家人工作的同时,也在为社会做出贡献。在驾驶员的心中,安全、责任和社会使命是第一位的。

工作的意义

小贴士:

如何点燃你的工作激情?

1.如果没有找到你爱的工作,就学会爱上你现在的工作。

2.寻找工作的乐趣,在工作中感受快乐。

3.与同事保持和谐的关系。

4.及时给予自己肯定与鼓励。

二 我可以变得更好——塑造健全人格

相关研究表明,交通事故与驾驶员人格特征显著相关。情绪不稳定、自律性差、心情紧张忧虑的驾驶员,更容易发生交通事故。为了安全驾驶,驾驶员应该了解自己的人格特征,扬长避短,不断完善自己的人格。

第二讲　认识自我与完善人格　15

爱上平凡的自己

1.人格的心理特征

可以将人格理解为一个大家庭，它具有多种成分和特质，如能力、气质、性格、兴趣、价值观及行为习惯等，这些都会表现出我们独特的人格差异；其中，气质和性格的不同，是人格差异最突出的表现。

（1）驾驶员的气质。

气质是个人心理活动和行为方面比较稳定的心理特征，也就是我们平常所说的"脾气""秉性"或"性情"。

心理学家根据心理特征的差异，把气质分为胆汁质、多血质、抑郁质、黏液质四种典型类型。结合驾驶员职业特性，其气质类型也可划分以下四种。

驾驶员的气质类型

气质类型	驾驶员典型特征
胆汁质	操作动作干脆有力，处理情况果断，行车速度较快。行车中易被对方不礼貌行为激怒，激怒后会做出危险的报复行动。处理危险情况时不够沉着冷静，喜欢冒险驾驶
多血质	操作动作敏捷，反应较快，处理情况准确，行车中能坚持礼让，并乐于帮助其他驾驶员解决困难，遇到紧急情况时所采取的措施也较安全
抑郁质	操作动作稳定自如，行车中不急躁，不开快车，车速具有较强的节奏性，不易受外界干扰，能较严格地执行交通规则。驾车的工作节奏较慢，遇情况犹豫，信心不足

续上表

气质类型	驾驶员典型特征
黏液质	操作动作较正规，严格按照操作规程和交通规则驾驶车辆，车速较稳定。心事多，驾驶容易分心，处理意外情况时可能会不知所措

（2）驾驶员的性格。

性格是一个人对现实的稳定态度，以及与这种态度相应的、习惯化的行为方式中所表现出来的人格特质。性格的好坏能最直接地反映一个人的道德风貌。

性格的组成

性格可分解为四个组成部分。态度特征是指一个人对社会、对集体、对工作、对劳动、对他人以及对待自己的态度方面的性格特征。意志特征是指一个人对自己的行为自觉地进行调节的性格特征。情绪特征是指一个人的情绪对其活动的影响，以及对自己情绪进行调控的性格特征。理智特征是指一个人在认知活动中的性格特征。

面对驾驶员常见不良性格，需要对症下药，科学调适。

驾驶员的性格类型与调适方法

不同类型的驾驶员	调适方法
急躁型	（1）分析使你产生焦躁、烦恼情绪的原因，找出让自己冷静的办法； （2）掌握放松的技巧； （3）做好预先计划与时间安排
粗心型	（1）培养认真观察的习惯，遇到任何问题都要做到不急不躁； （2）增强责任感，激发智慧，调动潜力，成为一个细心的人； （3）进行注意力训练，养成细心的良好习惯
冒险型	（1）日常驾驶工作中，无论什么情况，都不能携带不良情绪行车，更不能开"赌气车""霸王车"； （2）避免冒险，文明行车
忧虑型	（1）学会及时觉察自己的情绪，及时排解； （2）学习心理健康知识，培养积极情绪； （3）参加体育锻炼，增强身体和心理的抗压能力

续上表

不同类型的驾驶员	调适方法
分心型	（1）养成良好的工作、生活习惯，注意营养均衡、保证充足的睡眠，适当做体育运动； （2）练习专注力，每次只做一件事情； （3）寻求专业心理咨询师帮助

2.人格的健全和优化

培养健全人格的方式有很多，可从以下几个方面进行人格提升。

（1）建立健康的价值观，明确是非观念。

（2）正确认识自我，优化人格。

（3）培养积极的心态，避免过度自我批评和焦虑。

（4）建立良好的人际关系，融入社会环境。

（5）学会自我调节和自我控制，保持平衡发展。

及时反省　不断完善

三　我适合做驾驶员吗？——人格与驾驶安全

 典型案例

油罐车驾驶员"为所欲为"，终酿事故

2020年3月22日9时5分许，范某驾驶一辆重型半挂牵引车由北往南行驶至广深高速公路时，遇前方车道内一辆小型越野车缓慢行驶。范某未能及时发现并提前减速，临近时才紧急转动转向盘向左避让，导致车辆与道路中间隔离带发生碰撞后侧翻，引起所运载的汽油泄漏着火。

事后查看车内监控视频发现,事故发生前5分钟,范某惬意地磕起瓜子,淡定地左手换右手,还将瓜子皮抛到车窗外。事故发生前2分钟,范某开始抽烟并遮挡车内监控镜头,完全把安全驾驶的要求抛之脑后。

上述案例中的范某,是一个意志薄弱、缺乏自制力的人。自律性低的人格特质,是可以通过人格测验检测出来的。如果范某所在公司在招聘驾驶员时,增加人格测验环节,就能排查出自律性低的人,避免人为事故风险。营运驾驶员入职选拔的心理测评,可以把不适宜从事驾驶工作的人员拒之门外,从而为道路交通安全增加一道保障。

交通规则　自觉遵守

1.驾驶员的核心人格特质与测试

(1)驾驶员的人格尺度——驾驶适宜性。

判断一个人是否适合成为驾驶员,可以用驾驶适宜性来衡量。驾驶适宜性是职业适宜性的一种,指驾驶员安全、有效地驾驶汽车,完成驾驶工作所必须具备的最低限度的生理、心理素质和技能。一般来说,驾驶适宜性要求包括以下几方面:

①具备驾驶工作所必需的基本生理和心理素质。

②从事驾驶工作产生失误或发生交通事故的概率较小。

③预计完成驾驶任务的数量和质量高于中等水平。

④安全需要动机应占优势,即思想上能把安全要求放在第一位。

(2)驾驶员人格的测试方法。

在驾驶适宜性的人格测试中,目前使

大五人格的五种类型

用最广泛的测量工具是大五人格量表和卡特尔16种人格因素量表。

方法一：大五人格测试。

使用大五人格量表可以对人格的责任心、宜人性、神经质、开放性、外向性五个维度进行测评。有研究表明，神经质和责任心与安全驾驶有关，外向性与交通违章、酒驾和吸食药物后驾驶有关。

方法二：卡特尔16种人格测试。

卡特尔16种人格测试，简称"16PF人格测试"，可测量乐群性、聪慧性、稳定性、敏感性、忧虑性、自律性等16种主要人格根源特质。测验结果可为人事安置、调整和合理利用人力资源提供参考。有研究表明，16PF人格因子中，稳定性、自律性高分，紧张性、忧虑性低分的驾驶员不容易发生交通事故。此外，乐群性和有恒性两个人格因子高分的人，更适合从事旅客运输。

2.感觉寻求人格特质与驾驶安全

感觉寻求是一种寻求新奇、复杂、多变和高强度的感觉刺激和极端体验的特质。

感觉寻求特质高的驾驶员，做事只顾感觉，不计后果，导致攻击性驾驶行为和危险驾驶行为增多，容易出现追尾、超速、不使用安全带、不保持安全距离、不安全超车等不良驾驶行为。

如何避免危险驾驶？

感觉寻求特质高的驾驶员要做到以下三点：

（1）要求自己严格遵守交通规则，礼让行人和其他车辆。

（2）养成安全的驾驶行为习惯，杜绝冲动驾驶行为和攻击性驾驶行为。

（3）时刻提醒自己，不疲劳驾驶和酒后驾驶。

3.攻击性特质与驾驶安全

（1）什么是攻击性驾驶。

攻击性驾驶是指任何不顾后果的危险驾驶行为，包括大吼、咒骂、随意鸣喇叭、违规超车、行驶中朝窗外挥手等。具有攻击性特质的人往往存在更频繁和更严重的攻击行为。

（2）攻击性特质与危险行为的关系。

为何有的驾驶员总是会表现出攻击行为呢？相关心理学理论解释如下图所示。

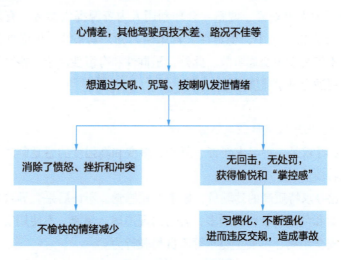

驾驶员攻击行为心理指导

（3）如何避免攻击性驾驶。

大多数驾驶员可以通过自我调节，避免在行车过程中出现攻击性驾驶行为，具体可以采取以下几种方法：

①调节情绪。在行车过程中要调节好情绪，心情过于激动时不宜行车；情绪不好时要自我减压。

②换位思考。多站在他人角度思考问题，情绪就自然不会那么焦躁。

③文明驾驶，礼貌让行。保持合理的跟车距离，尽量将双手都放

在转向盘上。如果其他车辆想要超车,在保证安全的前提下,礼貌让行。

文明驾驶　礼貌让行

④远离出现攻击性驾驶行为的车辆。如果发现别人有攻击性驾驶行为,尽一切可能离他们远一点,尽量避免与其产生冲突。如果攻击性驾驶员在不远处的道路上发生了交通事故,应与事故现场保持安全距离。

第三讲 心理认知与行车安全

一、确认安全再出发——驾驶员的感知觉

 典型案例

夜间视力下降，行车需谨慎

2010年7月25日晚上9时许，上海市静安区共和新路临汾路口发生一起交通事故。由于车速过快，一辆土方车在避让左转小型客车时发生侧翻，满载的泥土倾泻而下将小型客车掩埋，造成6人不同程度受伤。

夜间时段车辆和行人相对较少，多数驾驶员会自然地提高车速，车速提高会使制动距离延长，同时，夜间时段道路上光线偏暗，驾驶员视线能见距离缩短，一旦前方出现紧急情况，驾驶员无法及时作出有效判断并采取制动措施，从而造成严重后果。

像上述案例一样，夜间、雾霾、大雨、噪声等环境因素，使得驾驶员看不见、听不清等，是导致交通事故常见的原因。那么，安全驾驶需要具备哪些感知觉能力呢？

不惧风雨 安稳驾驶

1.认识感觉和知觉

在驾驶活动中，驾驶员需要获取和处理

周围车辆、行人、环境等信息。在这个过程中，我们的感觉和知觉作用很大，对交通安全会产生直接且重要的影响。

（1）感觉及分类。

感觉是人对直接作用于感觉器官的客观事物个别属性的反映。事物的个别属性包括最简单的物理属性（颜色、大小、形状、软硬等），化学属性（气味、味道等），以及生命体最简单的生理变化（疼痛、舒适、饥渴等）。感觉按照刺激来源于身体的外部还是内部，可分为外部感觉和内部感觉。

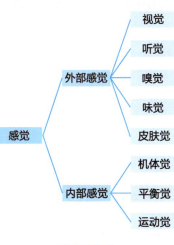

感觉的分类

（2）知觉及分类。

知觉是人脑对直接作用于感官的客观事物整体属性的综合反映。例如：某一事物，用眼睛看有黄的颜色，呈弯圆条形状；用手触摸表面柔软光滑；用鼻子嗅有清香的水果味；用嘴巴尝是甜味等。于是人脑把这些属性综合起来，形成对该事物整体的印象，并知道它是香蕉，这就是人对香蕉的知觉。通常把知觉分成时间知觉、空间知觉、运动知觉和错觉四大类型。

知觉的分类

根据驾驶员感知觉的不同表现特征，可以将驾驶员分为快车型和慢车型两种,其优缺点如下表所示。

快车型驾驶员与慢车型驾驶员

驾驶员分类及优缺点

类型	优点	缺点
快车型驾驶员	感知觉灵敏,临危反应能力及应变能力较强,驾驶动作敏捷协调	内在体验薄弱,易受情绪左右,好冲动,自我控制能力较差,喜欢刺激和冒险,胆大而心不细
慢车型驾驶员	心理活动过程经常指向内心世界,善思考,内在体验深刻而不外露,善于自我控制情绪,办事条理性及计划性强,力求稳妥	感知觉迟缓,自信心不强;反应缓慢,应变能力差,尤其是临危缺乏自信和果断,紧急避险失误率较高

2.视知觉与错觉

(1)视知觉及表现。

视知觉是驾驶员在行车过程中,对直接作用于视觉器官的事物整体的反应。驾驶员需要具有良好的视知觉。

一般而言,视知觉主要包括动视力、夜视力、深视力、暗适应与明适应。动视力是指人与视觉对象存在相对运动时,人眼辨别物体运动的视觉能力。夜视力是指在黑暗环境下,人眼辨别物体细节的能力,主要强调的是人在不良光线下的视力情况。深视力是指视

视知觉的分类

觉器官准确判断物体三维空间位置的感知能力。暗适应与明适应是指眼睛在不同光照环境下，调整其视觉能力以适应光线强度变化的过程，例如：当汽车进入无灯光照明或昏暗的隧道时，驾驶员会暂时看不清车前道路状况，过一会儿才会逐渐看清楚。

（2）错觉及分类。

错觉就是对客观事物歪曲的、不正确的知觉。受生理、心理、年龄、身体条件及行车环境等诸多因素的影响，驾驶员在行车过程中往往会产生各种各样的错觉，导致错误操作而造成险情。常见的驾驶错觉有速度错觉、弯度错觉、光线错觉。

①速度错觉：在行车过程中，驾驶员有时是以观察到的景物移动作参照物，并不是完全依靠车辆自身车速表的指示针来判断车速。机动车从郊区驶进城区易发生追尾事故，通常就是高速低估导致的。

②弯度错觉：驾驶员在道路上行驶速度的快慢，经常随道路的弯度而改变，转弯的程度也会影响驾驶员的判断，造成错觉。在连续转弯的山区道路上行驶，驾驶员会感到弯度变小，这时速度太高就非常危险。

错觉分类

危险就在一瞬间

③光线错觉：太阳光、反射物体的亮光、车头迎光、夜间远光灯强光等，会使驾驶员一时难以适应，如并行车辆的车窗、阳光下路旁树木交替变换的阴影、进出隧道时光线的变化等，都容易使驾驶员产生眩晕，形成光线错觉，从而导致操作失误。

避免超速　安全回家

二 危险就在一瞬间——驾驶员的注意

 典型案例

注意不集中易引发事故

2017年4月20日16时54分许，某公交公司驾驶员党某驾驶大型普通客车由北向南行驶至南大街大礼堂公交港湾处时，与由北向南行走的行人胡某某相撞，致胡某某受伤，经抢救无效于当日死亡。

驾驶员党某驾驶机动车从上午11时开始，到近17时事故发生，中途只有到终点站时才可以稍作休息，单调的工作持续了近6个小时。从事故发生时的监控视频可以看到，驾驶员党某精神恍惚，注意明显不集中。

上述案例中，驾驶员党某疲劳驾驶，注意力降低，是导致交通事故的主要原因。驾驶员在行车过程中，要及时觉察自己的身心状况，保持良好的驾驶状态,避免因注意不集中而引发交通事故。

疲劳驾驶　害人害己

1.驾驶中常见的注意不集中现象

（1）注意的含义及其特征。

注意是心理活动对一定对象的指向和集中。在驾驶环境中,车辆和行人不断移动、交通标志和信号信息纷繁复杂,驾驶员必须注意集中。

一般而言,注意的特征主要体现在四个方面,分别为注意的广度、注意的稳定性、注意的分配和注意的转移。

①注意的广度。注意的广度（也称注意的范围）,是指在同一时间内,人能够清楚地觉察或认识的对象的数量。

②注意的稳定性。注意的稳定性是指注意能够集中在一定对象或活动上的持续时间。

③注意的分配。注意的分配是指在同一时间内,人们把注意指向不同的对象,同时从事几种不同的活动。

④注意的转移。注意的转移是指人的注意从一个事物及时转移到另一个事物上。比如驾驶员在一般情况下是目视前方道路行驶的,当需要观察旁边道路信息

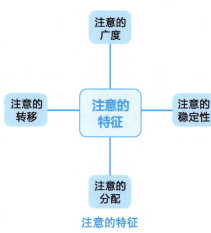

注意的特征

时，需要扫瞄后视镜来判断路况，这个过程的速度和准确度取决于注意转移的速度。

（2）注意不集中具体现象。

驾驶过程中常见注意力不集中的现象主要有注意缺乏、无意视盲和分心驾驶。

①注意缺乏。注意缺乏是指驾驶员由于选择去注意一些无关紧要的事物，而延误了对重要安全信息的识别。

②无意视盲。简单来说，当人们把自己全部的视觉注意集中到某个区域或物体时，他们会忽略那些不被看到的东西，尽管有时那些不被看到的东西是很明显的。这种现象在我们的现实生活中普遍存在，它是许多交通事故的罪魁祸首。

别让最后的消息成遗言

③分心驾驶。分心驾驶是指驾驶时注意指向与正常驾驶不相关的活动，从而导致驾驶操作能力下降的一种现象。驾驶员视线偏离或分心产生的注意不集中，是引发交通事故常见且重要的原因，这一原因在追尾碰撞事故中表现得尤为显著。

2.驾驶员注意力改善的具体措施

基于驾驶员在驾驶过程中容易出现注意缺乏、无意视盲、分心驾驶等现实情况，需要从以下几个方面进行调整与改善。

（1）适时休息。驾驶员如果感到自己无法保持注意，就需要及时停车并短暂休息，或者下车活动，要养成按时作息的习惯，确保上班时间有充沛的精力。

（2）适当保持兴奋。驾驶员应该从心里爱上驾驶工作，在行车过程中保持愉悦的心情。

（3）丰富知识和实践。关于安全行车的知识越渊博、经验越丰富,驾驶员的注意范围就会越广。

(4)进行注意力训练。每天开始驾驶工作前,做3~5分钟的腹式呼吸,可以让自己感觉精力充沛、注意集中。

三 坚持才能到达终点——驾驶员的意志

大巴车驾驶员被砸晕,凭意志力停车救人

2018年7月9日凌晨3点多,在京港澳高速公路东莞段石鼓出口附近,朱师傅正驾驶一辆载有30多人的长途大巴车,沿高速公路的中间车道行驶,突然有破窗而入的铁块,将其砸致昏迷。

朱师傅昏迷后,大巴车仍以90多公里的时速直线行驶。车上的工作人员发现情况后,马上一边扶着转向盘,一边试图将朱师傅唤醒。几秒钟后,朱师傅恢复了意识,凭着意志力把车停了下来,车上30多名乘客平安无恙。当120急救人员到场时,朱师傅再度昏迷,被紧急送往附近的医院抢救。经检查,朱师傅面部多处骨折,牙齿脱落达13颗。

上述案例中,朱师傅在身体遭到重创时,还牢记自己的责任,强忍剧痛,凭着意志力完成停车操作,保护了乘客的生命安全。意志力是我们完成所有任务,尤其是在遇到困难时都必须具备的品质。

1.什么是意志

意志是指个体有意识地支配、调节自身行为,通过克服困难,实现预定目标的心理过程。人们常说,"功夫不负有心人""有志者事竟成",其实讲的就是意志的作用。意志的品质包括自觉性、果断性、自制性、坚持性四种，具体介绍如下：

（1）自觉性。从交通安全角度讲，驾驶员的意志自觉性就在于把实现交通安全作为基本需要，自觉调节行动，认真完成各项工作任务。

（2）果断性。果断性是指一个人善于明辨是非，能够迅速而合理地采取决定和执行决定的一种意志品质。

（3）自制性。自制性是指一个人善于控制自己情绪、约束自己言行的一种意志品质。具体体现为善于忍耐，善于调节不良心态，遇事沉着冷静，处事周全。

（4）坚持性。坚持性是指一个人执行决定时坚持不懈，以坚定的决心和顽强的毅力，克服困难，实现预定目标的一种意志品质。

2.意志行动与安全驾驶

俗话说，有志者事竟成。意志对一个人所从事的工作或事业的成功具有极其重要的意义。一个人能否顺利完成自己所从事的工作或事业，除能力大小的影响之外，意志是另一个重要因素。

坚持就是胜利

意志控制就是要克服在实现目标过程中的障碍，这些障碍可能是外部障碍，也可能是内部障碍。外部障碍指的是外界的干扰，如复杂路况、恶劣天气等，需要驾驶员耐心应对；内部障碍指的是与实现目标相冲突的内心干扰，如疲劳、分心等。驾驶员可通过坚持科学的训练方法，提高自己的意志力。

3.意志品质的培养

（1）提高认识，确立目标。加强道德教育和遵章守法教育，不断提高认识能力，明确自身行动的目标和意义、行动的方式和手段，自觉克服困难，做到安全行车。

（2）不断磨练，培养韧性。刻苦磨练驾驶技能，适应艰苦的驾驶环境。

（3）掌控自我，调节情绪。掌控自我，正确认识挫折与失败，有意识地、自觉地调节和克制自己的不良情绪，从而保持乐观稳定的情绪。

四 精力充沛才行车——疲劳与安全驾驶

典型案例

陕西安康"8·10"特大交通事故

2017年8月10日23时许，陕西省安康市境内京昆高速公路安康段秦岭1号隧道发生一起大型客车碰撞隧道洞口的特大交通事故，造成36人死亡、13人受伤。经调查认定，驾驶员疲劳驾驶和超速行驶是本起事故的直接原因。

经查，自8月9日12时至事故发生时，驾驶员王某没有落地休息，事发前已在夜间连续驾车长达2小时29分；且7月3日至8月9日这38天的时间里，他只休息了2天，其余时间均在执行长途班线运输任务，长期跟车出行导致休息不充分。发生碰撞前，驾驶员王某未采取转向、制动等任何安全措施，显示他已处于严重疲劳状态。

我们都知道，在疲劳状态下驾车是非常危险的。当我们总想着尽快到达目的地时，就会忽视身体的感觉。当我们身体疲倦时，大脑不可能按照主观意志的要求保持清醒，如果驾驶员的感知与反应无法保持正常，则很容易发生交通事故。

觉察呼吸　保持清醒

1.驾驶疲劳及产生原因

驾驶疲劳是指驾驶员在长时间连续驾车后,生理机能和心理机能产生失调,在客观上出现驾驶技能下降的现象。疲劳不仅会导致驾驶员出现判断能力下降、反应迟钝、操作失误增加,甚至会出现无意识操作或者短时间睡着的情况,严重时会失去对车辆的操控能力,极易引发交通事故。

驾驶疲劳的产生受多重因素影响,这里主要讲述五种影响驾驶疲劳的因素。

(1)睡眠。睡眠质量对驾驶行为影响很大。违背睡眠规律就会产生疲劳,导致工作效率减退,甚至发生交通事故。

(2)驾驶时间。大脑活动高度集中时,需要较多的氧气供给,而长时间连续行车会使驾驶员脑部供氧不足,容易出现疲劳现象。

(3)社会生活环境。人际关系、生活压力、工作态度、工资待遇、奖惩制度、家庭困难等,这些社会生活因素与驾驶员的心理疲劳关系极为密切。

(4)车内环境。车内空气质量差、通风不好,温度、湿度过高或过低,噪声和振动严重,座椅调整不当等,都会对大脑皮层有一定的刺激作用,超过一定限度后,就会对人产生不良影响,导致疲劳产生。

(5)车外环境。道路条件、交通条件(流量、秩序)、交通管理设施、气候条件等,都会影响驾驶员的疲劳程度。

2.驾驶疲劳的具体表现

驾驶疲劳产生后,驾驶员的生理机能会下降,驾驶疲劳发展到一定程度,驾驶员就会出现心理失衡现象。其具体症状如下。

疲劳驾驶的具体表现

生理机能下降	心理失衡
视觉系统。视觉模糊,视敏度下降,眼睑下垂,眼睛发涩,眼眶下陷发黑,眼球颤动,眨眼次数增多,目光呆滞等	感知机能弱化
听觉系统。听力下降,辨不清声音方位和大小,出现耳鸣	注意功能失调

续上表

生理机能下降	心理失衡
呼吸系统。气喘、胸闷、呼吸困难，呼吸道和咽喉干燥	记忆思维能力变差
消化系统。唾液分泌减少，食欲减退，消化不良，腹胀、腹泻或便秘	反应时间延长
循环系统。心跳加快，血压改变	操作不准确或错误
面部。表情呆板、肌肉松弛、颜面无光	
肌肉骨骼。肌肉疼，关节痛，腰酸、背痛、肩疼，手脚酸胀	
中枢神经系统。代谢及功能水平下降，导致心智活动水平下降。驾驶疲劳程度严重时，会出现头脑昏沉、困倦、闭眼时间延长甚至打瞌睡的现象	困倦瞌睡

3.驾驶疲劳的预防措施

（1）保证足够的睡眠时间和良好的睡眠效果。

驾驶员应确保充足的睡眠，养成按时就寝的习惯和良好的睡眠姿势，每天保持7～8小时的睡眠；睡前1.5～2小时内不饮食，睡前1小时内不多饮水、不进行过度脑力工作。

平衡营养　健康饮食

（2）养成良好的饮食习惯，提高身体素质。

合理膳食，保证营养均衡，以摄取足够的蛋白质和营养物质。多吃瘦肉、鸡、鱼和奶制品等富含蛋白质的食品，以及葡萄、橘子、香蕉、苹果等富含钾元素的水果，有助于提高人的精力。

(3)科学安排行车时间,注意劳逸结合。

科学合理地安排行车时间和计划,注意行车途中的休息。长途驾驶3小时左右,身体出现轻度疲劳时,应停车离开驾驶室,下车活动十几分钟,呼吸车外的新鲜空气,使肌肉、神经、感官得到一定的放松和休息。

(4)关注自己的疲劳程度,适时地减轻和改善疲劳状况。

驾驶疲劳有许多警示信号,比如:打哈欠、眼睛感觉酸重发沉、视野模糊、产生幻觉、注意难以集中、焦躁、感觉饥饿和口渴、反应变慢、身体感觉僵硬、不必要的挡位变换、经常偏离车道等。当有以上现象时,就要及时觉察自己是否已经出现驾驶疲劳症状。如果只是轻微的症状,可以给驾驶室通风,降低驾驶室温度,用清凉空气刺激面部;或者在安全停车的情况下喝几口行车前准备好的茶水等。如果无法缓解,就应及时停车休息,确保精神状况好转后再驾驶。

感觉疲劳　及时休息

(5)应用疲劳预警设备,提高驾驶安全性。

疲劳预警设备通过智能视频分析等手段,对人眼闭合、表情等进行解析,从而检测驾驶员是否处于驾驶疲劳状态;如果是,设备就会发出警报,提醒驾驶员注意安全。需要注意的是,疲劳预警设备仅用于身体困倦时的提示,绝不能取代正常睡眠和驾驶休息。

情绪管理与情商培养

第四讲

一 我的情绪我做主——情绪管理

小测试：

做情绪的主人。你是否有路怒倾向？让我们一起来做个小测试，测一测你的路怒倾向吧！请你根据自己的实际情况，在表格相应位置打"√"。

路怒倾向测试

序号	题目	经常	偶尔	从不
1	驾驶时曾骂人			
2	驾车时曾情绪失控，一点堵车或刮蹭就有动手的冲动			
3	曾跟别人"顶车"，故意阻拦别人进入自己的车道			
4	行车时和不行车时的脾气、情绪完全不同			
5	前面车辆行驶稍慢时曾不停闪灯、鸣笛			
6	曾用危险方式驾驶，包括突然制动或加速、跟车过近等			
7	遇到不守规矩的驾驶员，曾有教训或报复的心理			
8	曾强行切入别人的车道，故意加塞			
9	曾下车挑衅其他驾驶员			
10	看到别人违法驾驶，即使没有影响到自己，也很愤怒			

计分及解释：

选"经常"得2分，选"偶尔"得1分，选"从不"得0分。各题得分相加计总分，总分越高，表示你的路怒倾向越明显。

0~6分：你是一个较为文明规范的驾驶员，希望继续保持，让更多人向你学习。

7~15分：你已经出现路怒情绪倾向，希望通过本讲知识内容的学习，规范自己的驾驶行为，相信你会做得更好。

16~20分：你已经成为一名路怒驾驶员，存在驾驶安全隐患。为了你和家人以及他人的安全，请认真学习本书，改善自己的驾驶心态。

1.情绪

（1）什么是情绪。

一般认为，情绪是指人对客观事物的态度体验及相应的行为反应。

情绪包括三种成分：认知层面的主观体验，生理层面的生理唤醒和表达层面的外部行为。

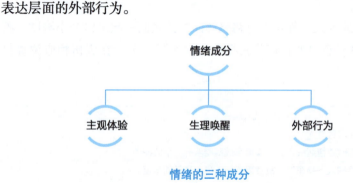

情绪的三种成分

（2）情绪的分类。

情绪的分类没有定论，按照需要是否获得满足而使人产生的各种心理体验，可将情绪分为快乐、愤怒、恐惧和悲哀四种基本类型。

（3）情绪管理。

情绪管理，是指通过研究个体和群体对自身情绪和他人情绪的认识，培养驾驭情绪的能力，并由此产生良好的管理效果。情绪管理包括认知调适、合理宣泄、积极防御、理智控制、及时求助等方式。

2.消极情绪及调控

（1）常见的消极情绪。

依据日常驾驶经验，常见的消极情绪主要包括焦虑、抑郁、愤怒。

①焦虑。焦虑是驾驶员的典型心理问题,是对行车过程中不确定因素的防御性身心反应,表现为因不可预见行车过程中的危险,而感到紧张不安、忧心忡忡。

②抑郁。抑郁是一种情绪状态,表现为情绪低落,意志力和行动力减弱。驾驶员在遭受家庭变故、工作待遇不公平、工作分配不合理等心理挫折以后,会产生"干什么都没意思"的郁闷感觉。

③愤怒。愤怒是由于客观事物与人的主观愿望相违背或当愿望无法实现时,人们内心产生的一种激烈的情绪反应。当人愤怒时,可能会导致心跳加快、心律失常、高血压等躯体疾病,同时还会使人的自制力减弱甚至消失,行为冲动,甚至做出一些让自己后悔的事,造成不可挽回的损失。

(2)消极情绪的有效调控。

①觉察自己真正的感受。我们要经常提醒自己"我现在的情绪是什么",当我们发现自己情绪异常时,要特别警觉。

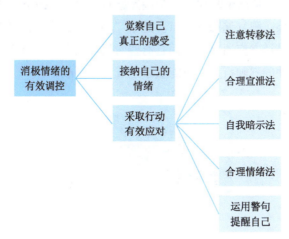

消极情绪的有效调控

②接纳自己的情绪。认清自己的情绪状态,分析自己为什么会有这样的情绪,让自己平静下来,就会有更多的精力去考虑如何应对,进而冷静地解决问题。

③采取行动有效应对。通过语言引起或抑制内心的想法和行为,如不断地对自己默语"我一定能行""不要紧张""不许发怒"等,以此来消除不良情绪,保持心态平衡。常用的应对措施主要有注意转移法、合理宣泄法、自我暗示法、合理情绪法、运用警句提醒自己。

合理宣泄不良情绪

(3)"路怒症"及调适。

①什么是"怒路症"。

"路怒症"是汽车时代的一个世界通病,反映了当下一些人内心急躁、心理烦躁、脾气暴躁等特点。处于"路怒"的驾驶员很难做出正确的选择,容易诱发交通事故;而且有些时候不仅限于言语攻击,还会出现具有攻击性的驾驶行为,可能直接造成交通事故。

礼让他人　文明行车

②缓解"路怒症"的建议。

第一,觉察不良情绪。行车前先判断自己的情绪,如果情绪不好,就要学会为自己减压,调整好情绪再出发。

第二,别在道路上争吵。在道路上和别人争吵,不仅不能有效解决问题,而且会让双方的不良情绪加深,这种时候冷静处理,反而更有利于事情的解决。

第三,出门前准备周全。在每次出发前,给自己一两分钟"缓一缓",想想是否带齐物品,这样可以避免因为匆忙出门而导致的不安情绪。

第四,情绪的自我调节。驾驶员要学会把注意力从让自己愤怒的事情上转移掉,及时调整好自己的心态。

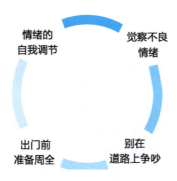

如何缓解"路怒症"

此外,为了更好地控制情绪,日常生活中可以在饮食上注意调理,多吃清淡的食物,多喝凉开水,少吃油炸和甜腻食品。

3.积极情绪及培养

(1)什么是积极情绪。

积极情绪是指让我们感到愉悦和满足的情绪,主要有喜悦、感激、宁静、兴趣、希望、自豪、逗趣、激励、敬佩、爱等。

(2)积极情绪的培养。

①找到生命的意义。想要获得幸福的人生,就要认识到工作的意义,确立事业和生活的目标,并为了自己的目标努力奋斗。

②梦想你的未来。提高积极情绪的简单方法之一,就是为自己构想最好的将来,将美好未来形象化。在工作和生活中,并不是只有宏伟蓝图才叫梦想,能够脚踏实地把自己的工作做好,成为一个对社会有用的人;照顾好自己和家人,把家庭生活安排好;提高个人修养,使自己成

为自己想成为的人……都是非常好的梦想。

③利用你的优势。想一想自己最擅长做什么,最想做什么,并据此重新制订你的工作计划与日常流程,重塑自己。

④与他人在一起。积极参与社会活动,多与人交往。社会交往能使人产生积极的情绪体验,积极的情绪体验反过来又会使人们更积极地与人交往,更好地适应环境的变化,从而形成一个良性循环。

我们都需要好朋友

⑤享受自然环境。人是自然的一部分,回归自然是人的本能需要。利用休息时间,在阳光明媚的好天气外出活动,也是提高积极情绪的简单方法。

(3)积极情绪与消极情绪的最佳配比。

如果没有积极情绪,我们会在痛苦中崩溃,但如果完全没有消极情绪,人们也会变得轻狂、不踏实、不现实。如果你想实现欣欣向荣的人生,你的积极情绪和消极情绪的比例至少需要达到3:1,这个比例称为积极率。如果你的积极率达到6:1,那么恭喜你达到了最圆满的状态。但如果达到了11:1,就可能是盲目乐观型了。我们可以通过上述方法,合理控制情绪,从而达到情绪的最佳比例。

二 我不是孤岛——人际交往能力的培养

编者曾经访谈过几百个驾驶员,很多公交驾驶员说自己长期在一条线路工作,和很多乘客都成了朋友,上车都会相互问候,工作充满了乐趣。

微笑是人际交往的通行证

1.认识人际关系
(1)什么是人际关系。

人际关系是指人与人之间由于沟通而产生的一种心理关系,它主要表现为沟通过程中人与人之间的心理距离,反映人们寻求爱和归属等需要满足的心理状态。常见的人际关系包括亲属关系、朋友关系、同学关系、师生关系、同乡关系、邻里关系、同事关系等。

驾驶员的工作常常是独立完成,长期的孤独会对身心产生不良影响。因此,驾驶员更要学会与人交往的技巧,寻找机会主动与人交往。

(2)良好人际关系的特征。

良好的人际关系表现为认知上彼此肯定价值,情感上彼此喜欢接纳,行为上彼此愿意沟通、交往。具体表现如下:

①感情相悦。互相喜欢、互相接纳可避免或减少人际间的摩擦和冲突,使交往得以良性循环。

②价值观相似。价值观相似,既容易获得相互支持与共鸣,也容易预测彼此的反应倾向和意图,相互适应比较容易。

③良性沟通,友好交往。指把自己内心真实的想法说给对方听,并且用心去倾听对方的意见和说法,从而反思自己的行为是否存在需要调整的地方。

(3)人际交往的原则与技巧。

①人际交往的原则。人际交往的原则有很多,这里主要列举五种人际交往的原则,分别为平等原则、尊重原则、真诚原则、宽容原则、互利原则。

②改善人际关系的技巧。想要在现代社会生活中有所作为,我们应努力培养自己的交往能力,掌握一定的交往技巧。

第一,主动交往。主动对人友好,主动表达善意,能够使人产生受重视的感觉。

对待同事真诚友爱

第二,换位思考。发现他人的价值,懂得尊重他人,愿意信任他人,对人宽容,能容忍他人有不同的观点和行为。

第三,学会倾听。观察对方的非言语行为,通过联系对方生活的环境来理解对方的言语信息,留意对方表达中不尽完善的地方;保持集中精力倾听的姿势;适时提问,并要求对方补充,保持耐心,阐述自己的见解。

第四,谈论对方感兴趣的话题。抛开自己潜在的自我中心意识,试着谈论对方感兴趣的话题,并积极参与到话题中去。

第五,适度地自我暴露。倾诉一些自己内心深处的烦恼,吐露一些不为人知的小秘密,能让对方感到深受信任,拉近交往距离。

2.做一个高情商的人

(1)什么是情商。

情商是指个人对自己情绪的把握和控制,对他人情绪的揣摩和驾驭,以及对人生的乐观程度和面临挫折的承受能力等。从自身的情感经验出发,我们会评价一个人善解人意、好沟通、心胸广、使与他交往的人如沐春风……这些都是情商高的表现。

（2）情商的五要素。

①自我认知。自我认知是指了解自身情绪、情感和内心驱动力及其对他人影响的能力。

②自我调控。自我调控是指控制或疏导负面情绪和破坏性冲动的能力。

③内驱力。内驱力是指以成就感为动力，追求超乎自身和他人期望的目标。

④同理心。同理心是指理解他人情感，视他人情感反应而待人接物的能力。

⑤社交技能。社交技能强是情商高的集中体现，是一种与他人寻求共同点、建立融洽关系的能力。

（3）情商培养和提升。

一个人的情商是可以培养和提升的，从心理学的角度出发，可以按照"知、情、意"为情商提升设定"三步曲"。

第一步，了解情绪—强调认知。我们不妨借鉴以下两种方式来更好地了解自己的情绪：①养成写日记和周记的习惯；②在他人的反馈评价中认识自己。

第二步，控制情绪—强调行为。我们可以通过以下方法培养积极情绪：①学会用心聆听；②学会共情；③懂得尊重别人；④有责任心；⑤自信；⑥让自己多一些微笑。

热心公益　回报社会

第三步，超越情绪—强调意志。我们可以尝试通过以下方法超越情绪：①学会自我激励；②承受压力，缓解压力；③提高交往艺术，学会幽默。

3.做一个知恩感恩的人

（1）为什么要感恩。

①提升主观幸福感。感恩可以让人更加积极乐观地评价自己，提升对生活的满意程度。

②增进人际关系。感恩能够增进对他人的了解，并且加深彼此之间的关系。

③提升健康水平。感恩可以降低个体患各类心理疾病的危险，还可以在生理上增强心血管和免疫系统功能。

④更好地应对压力与挫折。感恩可应对压力，帮助个体在创伤后成长，帮助个体应对生命中突然遇到的无妄之灾等。

（2）感恩心的养成。

①树立正确的感恩意识。心存感恩，就能更好地尊重乘客和客户，把自己的人生目标同公司的发展结合起来，把关心留给他人，把爱心献给社会。

②在实践中发展感恩品质。积极创造或参与感恩实践，体验收获感恩的快乐。

③主动向榜样学习。安全驾驶、文明行车，热情服务、真诚奉献，敬业精业、创先争优，这些榜样受到乘客的爱戴，给我们树立了良好的榜样。

④从生活中小事做起。客户把运输任务交给我们，我们用按时送达表示感恩；爱人照顾好家庭，我们用爱的语言和行动表示感恩。

第五讲 压力、挫折与危机应对

一 今天你紧张吗？——压力调适

小测试：

今天你紧张吗，让我们一起来做个小测试，测一测你的受压情况吧！请你根据自己最近半年内的实际情况，在表格相应位置打"√"。

学会倾听 排解压力

职场压力诊断

序号	题目	没有	偶尔	经常
1	早上非常不愿意上班			
2	出现口腔溃疡或容易上火			
3	面对平时喜欢的食物却没有食欲			
4	工作一天后头晕眼花			
5	晚上睡眠不好，难以入睡或者做噩梦			
6	背部或腰部出现疼痛			
7	不能集中精力专心做事			

续上表

序号	题目	没有	偶尔	经常
8	眼睛很容易出现疲劳			
9	对平时喜欢的人际交往不感兴趣			
10	工作中感受不到乐趣			

计分及解释：

选"没有"得0分，选"偶尔"得1分，选"经常"得2分。各题得分相加计总分，总分越高表示压力越高。

0~10分：压力程度较低，但可能生活缺乏刺激，较为沉闷，做事动力不足。

11~15分：压力程度中等，虽然会偶尔感到压力大，但能较好地应对，处于压力适度的水平。

16分及以上：压力程度偏高，应当注意观察压力的来源并寻求应对压力的方法，需要适当的放松和休息。

1.什么是压力

压力是指一个人觉得自己无法应对环境要求时产生的负面感受和消极信念。

当没有压力时，人的效率往往会很低。当感受到压力、激起挑战的勇气时，人的效率就会提高，那么此时的压力就在一个比较理想的范围内。但是，当压力过度时，就可能产生很多负面影响，这就是耶克斯—多德森定律，表明了压力与效率呈倒U形关系曲线。

2.压力的反应

（1）生理反应。在压力状态下，个体会产生一些生理反应，比如：心率加快，血压升高，呼吸急促，各种激素分泌增加，出现肠胃不适。

（2）心理反应。适当的压力可以激发我们的潜能，使我们能以更积极的状态投入工作。但是，当压力超过一定限度时，个体就会表现出过度的心理反应。

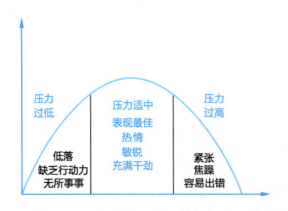

不同压力下个体的反应

（3）行为反应。个体的行为反应有两种：一种是直接的行为反应，如因工作面试失败而奋发图强或自暴自弃；另一种是间接的行为反应，它是指为了减少或暂时消除与压力有关的苦恼，而采取的使紧张状态暂时缓解的行为，如因工作压力较大，选择运动、听音乐或其他方式缓解压力。

（4）认知反应。当我们有压力困扰或情绪困扰时，身体的信息处理机制，如注意力、记忆力、决策等都会受到影响，这个现象在心理学中被称为"隧道视觉效应"。

3.常见的压力源

（1）工作压力。工作压力是影响驾驶员身心健康的首要因素。营运驾驶员常年行驶在路况复杂多变的道路上，安全压力大，容易造成精神高度紧张。

（2）职场压力。驾驶员肩负着安全营运、优质服务等多重任务，是一个承受着较大压力的职业。

（3）性格压力。稳定型驾驶员的事故率较低；沉着冷静型驾驶员能够有效应对驾驶过程中的突发危险，积极调整压力状态；忧虑型驾驶员的事故率较高，驾驶的危险程度也较高；急躁型驾驶员会因为堵车而产生强烈的情绪压力；粗心型驾驶员会因为工作失误而产生自责和焦虑。

（4）其他压力。驾驶员的婚姻、学历、年龄、性别等因素，对他们的心理健康也存在一定的影响。

4.压力应对

（1）接纳压力是生活的一部分。压力可以激发人的潜能，带来动力和挑战。压力是每个人正常生活的一部分，我们要勇于接纳它。

（2）与压力同行。人的一生，其实都在与压力同行。为此，我们一是需要选择积极的思维方式；二是不找借口，只找方法；三是尽最大努力行动起来。

（3）积极归因。我们要学会理性辨析和积极归因。找来纸笔，将你面临的核心问题写下来，接下来逐个回答。通过反复逐层深入地自我辨析，理清问题的症结所在，从而减轻对压力情境认识模糊或者夸大困难而产生的焦虑。

（4）放松身心。身体放松的常用方法有游泳、做操、散步、洗热水澡等；精神放松的方法有听音乐、看漫画、静坐、钓鱼等。

（5）进行有效的时间管理。学会为每天的工作和生活做一个计划，规划好在什么时间做什么事情，同时要明确每一个任务的优先级，以便于合理分配时间和精力。

放松身心　关爱自己

二 在逆境中前行——挫折应对

 典型案例

驾驶员遇挫割腕，民警及时救援

2018年12月的一个傍晚，一辆大货车发生故障"瘫"在了某条高速公路上，无法继续行驶。驾驶员王某联想到生活中的种种不顺，一时想不开，便使用水果刀割腕了……大约10分钟后，王某拨打了报警电话求助"车坏了"，同时言语中闪现出"怎么割都不出血"之类的话。察觉到情况异常的民警快速出动，挽救了王某的宝贵生命。当民警询问王某为什么要这样做时，他回答道："我心理压力太大，莫名其妙感到忧郁，情绪一下子爆发了才这样。"

上述案例中，驾驶员遭遇车辆故障，无法继续行驶，再加上日常心理压力大，导致心理危机，产生了轻生的想法。生活中，不如意的事情常常不期而遇，克服挫折是我们每个人都必须具备的能力。

1.什么是挫折

挫折是指人们在某种动机的推动下，在实现目标的过程中，行为遇到了无法克服或自以为无法克服的障碍和干扰，使得动机不能实现、需要不能满足、目标不能达成，从而产生失望、不满意、沮丧等情绪反应和情绪体验。

2.挫折反应

人们在面对挫折时，会产生一系列的反应，包括生理反应、心理反应和外显行为特征三种。

（1）生理反应。在强烈的或持续的消极情绪作用下，人的神经、心血管、内分泌、消化等系统会发生反应，如心率加快、血压升高、呼吸加快、出汗等。

（2）心理反应。挫折的心理反应有攻击、焦虑、妥协、寻觅支持、思考问题解决的办法等。

（3）外显行为特征。当一个人遇到挫折时，会在行为上表现出一些征兆，如缺乏安全感、发牢骚与埋怨、工作效率低、优柔寡断、依赖性增强、反应不当等。

3.挫折的心理防御

面对挫折时，我们的心理会自动产生一些防御机制，来帮助我们摆脱由挫折产生的心理压力，减轻精神痛苦，恢复正常的心理平衡，以达到自我保护的目的。心理防御机制一般可以分为积极心理防御和消极心理防御两大类。

（1）积极心理防御。积极心理防御是指正视、承认挫折和困难，正确分析挫折和困难产生的客观原因，总结经验教训并实施有效的行动，合理应对挫折和困难。常见的积极心理防御有坚持、补偿、幽默、升华等。

（2）消极心理防御。消极心理防御是指遭受挫折后所表现出来的带有强烈情绪色彩的非理性行为。常见的消极心理防御有否认、压抑、躯体化等。

4.积极应对挫折

面对挫折的方式有很多，这里主要讲述三种。

（1）树立正确的挫折观。只要每个人做好面对挫折的心理准备，遇到挫折时就不会惊慌失措、痛苦绝望，从而能正视现实，敢于面对挫折和挑战。在遇到挫折的时候，也要看到成功和希望，尽快从痛苦中摆脱出来，理智地面对挫折。

（2）订立恰当的个人目标。订立目标时，要考虑自己的智力、能力、体力是否合适。如果目标恰当、方向准确、持之以恒，产生挫折感的机会就会减少，即使遇到挫折也能积极应对。反之，如果目标不当，如过高或过低，与自己的条件不相符合，就容易产生挫折，这时就应该及时做出调整。

（3）培养积极思维。经历挫折之后要学会思考和总结，提高自己的能力。面对挫折，要能够激发自己再努力、再加把劲的想法和勇气。锻炼和磨砺自己的意志，在挫折的压力下，变压力为动力，变失败为成功。

三 生命只有一次——珍爱生命与应对心理危机

小测试：

人的生命只有一次，我们应该怎样度过？让我们一起来做个小测试，测一测你对人生意义的理解吧！请你根据自己的实际情况，在表格相应位置打"√"。

人生意义问卷

序号	题目	非常不同意	有点不同意	不确定	有点同意	完全同意
1	我很了解自己的人生意义					
2	我正在寻找某种使我的生活有意义的东西					
3	我总是在寻找自己人生的目标					
4	我的生活有很明确的目标感					
5	我很清楚是什么使我的人生变得有意义					
6	我已经发现了一个令人满意的人生目标					
7	我一直在寻找某种能使我的生活变得来更有意义的东西					
8	我正在寻找自己人生的目标和使命					
9	我的生活没有很明确的目标					
10	我正在寻找自己人生的意义					

计分及解释：

选"非常不同意"得1分，选"有点不同意"得2分，选"不确定"得3分，选"有点同意"得4分，选"完全同意"得5分。

人生意义体验因子：1、4、5、6、9题分数相加，总分越高，表明你的人生意义体验程度（即个体目前所体验和知觉自己人生有意义的程度）越高。

人生意义寻求因子：2、3、7、8、10题分数相加，总分越高，表明你的人生意义寻求程度（即个体积极寻求人生意义或人生目标的程度）越高。

1.生命及生命教育

（1）什么是生命。

人的生命开始于受精卵，终止于生物学意义上的死亡。生命的过程就是一个人赤裸地来到这个世界体验生活的全过程。

生命具有以下四个基本特性：

①唯一性。生命为个体所独有，相互不可交换，彼此不可替代。每个生命都是独一无二的。

②不可逆性。从胚胎起，生命便一直生长发育，最终衰亡。生命绝不会"时光倒流"返老还童。

③不可再生性。生命对任何人来说都只有一次，俗话说"人死不能复生"，便道出了这个真理。

④有限性。人的自然寿命一般为七八十岁，最多百十来岁。人的生老病死是自然规律，任何人都必然会经历死亡。

（2）生命的属性。

人的生命由三个因素构成，即生理（自然属性）、心理（社会属性）和灵性（精神属性）。

生命的自然属性，是建立在人的血缘关系基础之上的生理范畴，它主要涉及与人伦和人生（生命长度）有关的性问题、健康问题、安全问题和伦理问题等。

生命的社会属性,是人伴随着一定的社会文化和心理基础而发展起来的符号识别和社会人文系统,它涵盖了人的成长、学习、交友、工作、爱情、婚姻等涉及人文、人道的种种方面。

生命的精神属性,是一个人"我之为我"的最根本体现和本质要求,也是生命最聚集的闪光点,涉及人性与人格。

(3)驾驶员生命教育。

生命教育,是指直面生命和人的生死问题的教育,其目标在于使人们学会尊重生命,理解生命的意义,学会积极生存、健康生活与独立发展。由于驾驶员的生命态度会对安全驾驶产生影响,所以就更应该主动接受生命教育。

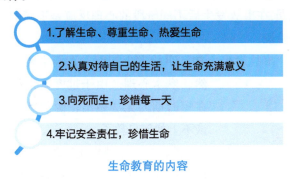

生命教育的内容

2.驾驶员心理危机与预防措施

(1)心理危机的表现。

当人们陷入心理危机时,常常会有以下的生理、心理和行为表现,称为应激反应。

①生理表现。处于危机中的个体容易出现头晕、头疼、感觉疲劳、做噩梦、肠胃不适、食欲不振、呼吸困难或急促、频繁感冒发烧等反应。

②心理表现。心理表现主要包括认识变化和情绪变化两个方面。

(2)驾驶员心理危机的预防。

①培养积极认知。我们要相信困难总会过去,活下去就有希望,相

信自己一定有能力解决困难。

②建立良好的应对方式。成熟的应对方式主要包括"解决问题"和"求助",而消极的应对方式主要包括"退避""自责"和"幻想"。

③构建社会支持系统。家人是自己的支柱,公司是自己的保护伞,朋友是自己的安慰剂,建立良性的社会关系可以帮助我们有效应对危机。

④学会积极求助。当自己陷入心理危机时,可以寻求专业心理咨询师的帮助,也可以寻求你的社会支持系统的帮助。

3.交通事故心理危机急救

(1)交通事故心理危机。

重特大交通事故,会给当事人带来严重的心理危机。遭遇重特大交通事故的人员,在事故发生后不同阶段的心理反应是不同的,主要表现为以下三个阶段:

阶段一,事故发生之初。事故发生初期,人们主要存在恐慌、茫然、麻木心理。由于过度紧张和恐惧,人们在短时期内无法做出正确的判断,因此就更谈不上如何自救了。

交通事故心理危机

阶段二,事故发生后的短时间。事故发生后的短时间里,人们往往会处在一片混乱之中,此时会出现焦虑、悲伤、痛苦以及盲从的心理。

阶段三,事故处理基本结束后。事故处理结束后,受伤者和丧亲者要重新开始艰难的生活。在这个时候,无论心理素质多么好的人,都会感到痛心、苦闷。于是,有的人不敢回想事故发生的一切,逃避现实,酗酒吸烟,不再关心自己的健康。

(2)交通事故心理急救基本要求。

当驾驶员遇到同事或其他人遭遇交通事故伤害,需要给予帮助的时候，使用一些心理急救的方法，可以达到更好的效果。

①紧密陪伴。处在心理危机中的人，会暂时丧失基本的安全感和对外界的信任感。陪伴可以帮助他们重建安全感和信任感，防止他们受到更大的伤害。

②专注聆听。一个人处在心理危机中时，可能会急于诉说他遭遇的事情。我们应专心聆听他的讲述，不要忙于询问和予以澄清，这样可以帮助他们理解并最终接受该事件。

③情感接纳。保持开放的心态，接受当事人对事件的情感，理解和尊重他们的看法。不要急于更正事件的事实信息或对事故后果的看法。同时要接受他们表现出来的焦虑或极端情绪。

④提供实际照顾。一个人面临心理危机时，可能无法处理日常事务。

交通事故的心理急救

我们可以给予当事人一些实际的照顾，比如帮助接送孩子、陪伴就医等，这些都能表现出我们的关心和同情。

四 我的心好累——驾驶员职业倦怠

你有职业倦怠吗

小测试：

你感到心累吗？请根据自己的感受和体会，让我们一起来做个小测试，测一测你的职业倦怠程度吧！请你根据自己的实际情况，在表格相应位置打"√"。

职业倦怠测试

序号	题目	从不	极少	偶尔	经常	频繁	过频	每天
1	工作让我感到身心疲惫							
2	下班的时候我感觉精疲力尽							
3	早晨起床不得不去面对一天的工作时,我感觉非常累							
4	整天工作对我来说确实有压力							
5	工作让我有很快要崩溃的感觉							
6	自从开始这份工作,我对工作越来越不感兴趣了							
7	我对工作不像以前那样热心了							
8	我怀疑自己所做工作的意义							
9	我对自己所做工作是否有贡献越来越不关心							
10	我能有效地解决工作中出现的问题							
11	我觉得我在为公司做贡献却不计较回报							
12	在我看来,我擅长做自己的工作							
13	当完成工作上的一些事情时,我感到非常高兴							
14	我完成了很多有价值的工作							
15	我相信自己能有效地完成各项工作							

计分及解释:

1~9题:选"从不"得0分,选"极少"得1分,选"偶尔"得2分,选"经常"得3分,选"频繁"得4分,选"过频"得5分,选"每天"得6分。

10~15题:选"从不"得6分,选"极少"得5分,选"偶尔"得4分,选"经常"得3分,选"频繁"得2分,选"过频"得1分,选"每天"得0分。

将所有题目得分相加除以15,求出平均分。平均分再乘以20(换算成标准分），得到最终得分。

50分及以下：工作状态良好；

51～75分：存在一定程度的职业倦怠，需进行自我心理调节；

76～100分：职业倦怠比较严重，建议离开工作岗位一段时间进行调整；

101分及以上：职业倦怠非常严重，建议咨询心理医生或暂停工作。

1.什么是职业倦怠

职业倦怠是个体不能顺利应对工作压力时的一种极端反应，即个体在工作压力下产生的身心疲劳与耗竭的状态。职业倦怠一般包括以下三个方面的特征：

（1）情感衰竭。即没有活力，没有工作热情，感到压抑、空虚、无意义。

（2）性格改变。指刻意在自身和工作对象间保持距离，对工作对象和环境采取冷漠、忽视的态度，对工作敷衍了事，个人发展停滞，言行消极等。

（3）无力感。倾向于消极地评价自己，认为工作不但不能发挥自身才能，而且枯燥乏味。

2.驾驶员职业倦怠的表现

生理方面。表现出一种慢性衰竭的状态，包括失眠、头晕眼花、恶心、过敏、呼吸困难、肌肉疼痛、头痛、睡眠紊乱等。

心理方面。大脑的功能下降，无法对接收到的信息进行准确快速的识别处理，注意难以集中在驾驶行为上。在情绪上会产生焦虑、抑郁、愤怒及

对什么都不感兴趣

恐惧等负面情绪。

3.职业心态的五个阶段

第一阶段，蜜月期。刚入职，心存感激、深感被认可，被新鲜感刺激。

第二阶段，激励期。对工作驾轻就熟，开始挑剔工作中问题，工作难以满足所有需求，但仍努力工作。

第三阶段，衰退期。职业负面效应凸显，压抑取代热情，挫败感增加导致焦虑、沮丧。此时，职业倦怠开始出现。

第四阶段，衰竭期。仅看见自己工作不如意和别人工作的光鲜亮丽，看不到别人的辛苦和努力，工作成了"鸡肋"。难以处理工作矛盾，对工作悲观与绝望，甚至否定自己。此时，职业倦怠比较严重。

第五阶段，涅槃期。重新接纳自己的职业，看清工作的真相，清楚工作的优劣势，愿意长期从事该职业。此时，你虽然称不上涅槃重生，但一定经历了蜕变，并重新唤回职业情感。

4.应对职业倦怠的策略

（1）保持积极的心态。个人并不能控制和改变工作中的所有事情，某些因素是不可避免的，或难以在短时间内排除。因此，需要保持积极心态。

（2）培养对工作的兴趣。在工作中进行"创新"，用心感悟和总结驾驶经验，从中找到驾驶的乐趣。想办法爱上自己的工作，你就会愿意投入更多的时间和精力，而不会感到辛苦和倦怠，工作也总能超额、超水平发挥，这是一个良性循环。

（3）正视职业倦怠。我们应认识到，自己在压力之下所作出的反应并不是能力差的表现，而是人人都可能会产生的正常心理现象，因此不要过于苛责自己。

（4）及时倾诉。当我们感到工作压力太大时，不妨与家人、朋友或同事一起讨论当前压力的情境，把自己心里的症结点说出来，不要将想法闷在心中。

（5）锻炼和放松。注意劳逸结合，足够的睡眠和休息是保持工作精力的必要前提。进行适度的、有节奏的锻炼，能够缓解倦怠，保持舒畅而平稳的心情。尝试一些松弛方法，如游泳、做操、散步、洗热水澡、听音乐等也十分有效。

锻炼身体　强健体魄

第六讲 驾驶员的身心保健

一 和老毛病说再见——职业病及预防

由于长时间处于紧张状态，加之缺乏运动和饮食作息不规律等不良生活方式，驾驶员患颈椎病、腰椎病、高血压、心脏病、肠胃炎等疾病的现象较为普遍。道路运输企业应注重员工身体健康，维护员工职业健康安全，宣传正确的健康观念，增强公交车驾驶员的自我保健意识，使广大驾驶员以良好的状态、饱满的热情和健康的心态投入到工作中。

驾驶员常见的职业病

1.驾驶员常见职业病

（1）颈椎病。颈椎病是一种以退行性病理改变为基础的疾病，主要由于颈椎长期劳损、骨质增生，或椎间盘脱出、韧带增厚，导致颈椎脊髓、神经根或椎动脉受压，出现一系列功能障碍的临床综合征。

驾驶员职业病的预防

（2）急性颈扭伤。发生急性颈扭的主要原因有：在驾驶车辆或倒车时忽然过度扭头向后看，高速行驶中突然紧急制动，或低速行驶中突然加速，在惯性力的作用下，肌肉无准备地强烈收缩或牵拉，导致颈肌纤维或韧带等组织发生撕裂，产生痉挛、撕裂伤。

（3）肩周炎。肩周炎是以肩关节疼痛和活动不便为主要症状的常见病症，是驾驶员最常见的职业病之一，尤其是40岁以上的驾驶员更容易患此病。由于驾驶员长期保持同一驾驶姿势，不能及时活动肩关节，易引发肩周炎，导致关节疼痛，活动受限，不能灵活精准地进行驾驶操作，从而容易引发安全事故。

（4）肠胃病。主要包括：慢性肠炎、结肠炎、慢性胃炎、胃窦炎、胃溃疡、胃出血、胃穿孔、十二指肠溃疡等。肠胃病患者常常不能保证正常饮食，长期下去就会导致身体缺乏营养，出现头晕、恶心、乏力等症状，严重影响身体健康。

（5）振动病、腰痛。驾驶员长期受到汽车振动的影响，会导致神经系统功能下降,最常见的是振动觉、痛觉功能减退,对环境温度变化的适应能力降低。此外,长时间保持同一姿势驾驶,无形中会对腰部产生压力,使腰背肌肉力量减弱,再加上道路颠簸引起的振动会对脊柱产生损害,容易引起腰椎变形,导致腰腿疼痛、无力、麻木。

(6)泌尿系统疾病。主要表现在泌尿系统本身,如排尿改变、尿的改变、肿块、疼痛等,是驾驶员常见的职业病。

(7)噪声性耳聋。早期表现为听觉疲劳,离开噪声环境后可以逐渐恢复,久之则难以恢复。噪声除对听觉造成损伤外,还可引起头痛、头晕、失眠、高血压等,且影响胃的蠕动和分泌。

2.驾驶员职业病的预防

驾驶员职业病的预防可以从以下几个方面入手:

(1)保持正确的驾驶姿势。正确的驾驶姿势对预防驾驶员腰痛、颈椎病极为重要。一般来讲,正确的驾驶姿势是:驾车时双眼平视,座椅靠背向后微倾,坐垫略向上翘起,臀部置于坐垫和靠背的夹角中,以在驾驶操作时不向前移为宜。

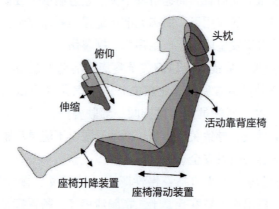

正确的驾驶姿势

(2)适当休息和运动。注意劳逸结合,防止透支身体。坚持体育锻炼。每天早晚可坚持跑步、做健身操等健身活动。在停车休息时,可以舒展身体，活动关节、腰部、颈椎和四肢，这样可以帮助消除肌肉疲劳。驾车时间一般不宜过长，应控制连续驾驶时间，否则会身心疲惫。

（3）注意饮食营养。补充蛋白质，多吃蛋类、豆类、鱼类、新鲜蔬菜和水果，多吃虾、鱼、核桃、瘦肉、莲子、芝麻、桂圆、深海鱼油等食品，适当补充含糖的食物。纠正吸烟提神的毛病，切忌在驾驶室内吸烟。饭菜宜细软可口、容易消化如各种粥类，还可以适量饮用一些果汁、牛奶、酸奶等易于消化的饮料。

关注健康　定期体检

（4）定期体检。营运驾驶员要定期开展体检，时刻关注自己的身体健康状况，这样既是对自己负责，也是对他人和社会负责。

（5）养成健康的生活习惯。生活要有规律，养成定时工作、活动、休息、睡眠、饮食的好习惯，做到劳逸结合，使整个身体的生理活动富有规律和节奏，从而增强身体的抵抗能力并预防疲劳。保障足够的睡眠，找出适合自己的固定睡眠时间，这是消除疲劳的重要方法，切忌过多熬夜。培养良好的兴趣爱好，充分利用业余时间培养良好的兴趣爱好，充实自己的精神生活。拒绝吸烟，充分了解吸烟对身心健康、家庭和社会的危害性，提高对吸烟所致疾病和死亡风险的认识，消除侥幸心理，用坚强的意志抵制吸烟的诱惑。

二 保持清醒的头脑——酒驾、药驾与睡眠不足的危害

 典型案例

客车驾驶员服用感冒药后驾驶致人死亡

2011年11月10日上午8时许,驾驶员覃某像往常一样驾驶营运中巴车从河池市南丹县大厂镇开往金城江方向。覃某因患感冒,行车前吃了治疗感冒的复方氨酚烷胺片。行车过程中突然睡意袭来,恍惚中他听到售票员惊叫,才发现车子已经越过了中心线,向路边一辆三轮摩托车撞去,三轮车上的韦某当场死亡。经交警现场勘验检查,从驾驶座旁搜出一盒药,其说明书的"注意事项"注明:"服药期间不得驾驶机、车、船,不得从事高空作业、机械作业及操作精密仪器……"经交警部门认定,覃某对本次事故负全部责任。

驾驶员在休息不好、饮酒或服用了某些可能影响驾驶安全的药物后,容易犯困、恍惚、注意分散、无法准确判断距离、反应迟钝,从而造成感知、判断和操控能力下降,错误操作增加,影响行车安全。

人有问题不上车

1.酒驾对安全驾驶的影响

（1）什么是酒驾。

《车辆驾驶人员血液、呼气酒精含量阈值与检验》（GB 19522—2024）规定：车辆驾驶员血液中的酒精含量大于或等于20毫克/100毫升、小于80毫克/100毫升的，属于饮酒驾车；酒精含量大于或等于80毫克/100毫升的，属于醉酒驾车。

（2）酒精对人的影响。

酒精对人体的影响主要在脑部，尤其影响人的思维活动和判断事物的能力。随着饮用酒精量的增加，饮酒者会表现出不同程度的生理变化和反应。

微醉——话多面红，反应迟钝，心神不定，自我感觉良好。

轻醉——酒言酒语，走路摇晃，情感失控。

中醉——呈现痴呆状，说话结巴，行走时东倒西歪，基本失去自我控制能力。

深醉——动作失控，不能走路，各种反应显著低落，陷入麻痹状态。

泥醉——随地卧倒，陷入昏迷状态，体温下降，脉搏细微，皮肤湿冷，大小便失禁，呼吸困难，如无医护则可能导致死亡。

视觉上，由于受到酒精的影响，驾驶员的颜色知觉能力降低，不能及时发现和正确察觉交通信号及交通标志标线，对信号灯的反应变慢。同时，驾驶员的视野范围大大缩小，无法看到很多重要的信息。

触觉上，如制动时脚踩踏板的力度、转向盘的控制状态、汽车的振动情况等，驾驶员要依据触觉来获得很多信息，而饮酒容易引发触觉不精准甚至触觉失灵的现象，造成驾驶失控。

知觉上，随着血液中酒精浓度的增加，驾驶员的知觉能力逐渐下降，尤其是空间知觉能力显著下降，导致驾驶员不能辨别方向，出现"蛇行"，甚至有可能出现方向混乱的状况，严重威胁驾驶安全。

情绪情感上，平常为人处世谨慎认真的人，饮酒后言行举止变得轻率,可能出现突然踩下制动踏板、突然转弯或违法转弯、逆向行驶等异常驾驶行为。

(3)严禁酒后驾驶。

《中华人民共和国道路交通安全法》第九十一条规定:饮酒后驾驶营运机动车的,处十五日拘留,并处五千元罚款,吊销机动车驾驶证,五年内不得重新取得机动车驾驶证。

珍爱生命　拒绝酒驾

醉酒驾驶营运机动车的,由公安机关交通管理部门约束至酒醒,吊销机动车驾驶证,依法追究刑事责任;十年内不得重新取得机动车驾驶证,重新取得机动车驾驶证后,不得驾驶营运机动车。

饮酒后或者醉酒驾驶机动车发生重大交通事故,构成犯罪的,依法追究刑事责任,并由公安机关交通管理部门吊销机动车驾驶证,终生不得重新取得机动车驾驶证。

2.服药对安全驾驶的影响

(1)什么是药驾。

药驾是指驾驶员服用了某些可能影响行车安全的药物后依然驾驶车辆的现象。由于服用了这些药物之后,人体可能产生不同程度的不良反应，因而很容易酿成祸患。

（2）驾驶员用药注意事项。

为避免药驾导致的安全隐患，驾驶员患病时应谨慎用药。一般来说，应注意以下几点：

①到医院看病时，要向医生主动表明身份"我是营运驾驶员"，请医生尽量避免选用会对安全驾驶产生不良影响的药物。若根据病情需要，必须服用相关药物时，应及时请假休息，待身体恢复健康后再驾驶车辆。

②到零售药店买药时，也要主动咨询药店里的执业药师，向他们寻求用药指导，不要自己随便买药服用。

③服药前应仔细阅读药品说明书，了解和掌握药品用量、禁忌和副作用等方面的相关说明及要求，不可超剂量用药。

④服药期间如果出现异常，应避免驾驶车辆，以免发生交通意外。

3.睡眠不足

对于驾驶员而言，睡眠健康尤为重要，平时应留心关注自身的睡眠状况，科学管理睡眠，确保良好的睡眠，从而有效避免驾驶疲劳。

规律作息　保证睡眠

（1）影响安全驾驶的常见睡眠问题。

①睡眠呼吸暂停综合征。睡眠呼吸暂停综合征，也叫睡眠窒息征，是一种睡眠时呼吸停止的睡眠障碍，表现为鼾声不规则，时断时续，病情较重时夜间常常出现憋气，甚至突然坐起、大汗淋漓，有濒死感。患睡眠呼吸暂停综合征的驾驶员，次日起床都是无精打采的。

②失眠。睡眠不足会导致营运驾驶员身体疲倦，动作不协调，其视觉、听觉及四肢运动操作将失去灵活性，直接影响到安全驾驶，随时可能发生交通事故。

（2）怎样提高睡眠质量。

①保持规律作息。我们每天应按时睡觉，按时起床。若躺在床上翻来覆去睡不着，可以做深呼吸或其他放松训练，这时不能打开电脑或者玩手机，不然会增加脑力负担，进一步影响睡眠。

②心理疏导。心理疏导的主要目标是舒缓心理压力。认知合理化、生活态度合理化、价值观的梳理等，都可以达到减压的效果，睡眠随之会得到改善。

③物理调节。适当的运动可以调节植物神经功能，改善睡眠。运动也是一种有效的心理减压方式。尤其是在下午或者傍晚，甚至在晚间进行适度合理的体能运动，都是有助眠功效的。按摩、瑜伽等都可以归于此类。

④食物调理。很多食物，如黄花菜、酸枣仁、洋葱、大蒜、葡萄干、龙眼、莲子、牛奶等，都有助眠的功效，在失眠不严重的情况下，不妨用这些食物试着调理一下。

⑤正确认识和治疗失眠。不要给自己心理压力，积极应对，及时进行自我调节。如果已经尝试过很多方法都没有效果的话，这时可以寻求专业心理咨询师或精神科医生的帮助。

三 吃出来的"快乐"——饮食营养与心理健康

 典型案例

低血糖与交通事故相关研究

奥地利的医生们在化验交通责任事故驾驶员的血液成分时,发现他们的血液中含糖量明显偏低。有学者认为,血液里缺糖,会引起血管狭窄,导致注意不集中。通过使用自动练习设备做实验,发现那些实验前24小时没有吃糖的驾驶员,比吃了各种甜食的驾驶员反应迟钝得多。因此,医生们建议,长途汽车驾驶员要随身携带含糖或淀粉的食物,这有助于减少交通事故。当然,这类食物不宜吃得太多,以免引起肥胖和糖尿病。

上述案例证明,驾驶员营养不良也会导致交通事故。驾驶员要注意饮食搭配,维护好身心健康,才能保证安全驾驶。

1.营养缺乏和生化失调带来的心理健康问题

常见的容易导致心理问题的营养缺乏和生化失调有下列几种类型:

(1)血糖失调。平衡血糖的主要办法有:适度吃甜食(如糖、咖啡和巧克力)。早餐要多吃富含蛋白质的食物(如牛奶和鸡蛋),午餐和晚餐最好以燕麦为主食,再加上蔬菜和水果。每天服用一片复合维生素,维生素C、B族维生素和矿物质镁、铬都可以帮助调节血糖水平。

(2)维生素B_3、B_6、B_9或B_{12}缺乏。这四种B族维生素是大脑最好的朋友。如果缺乏这些必需的B族维生素,大脑会产生令人狂躁的化学物质,并表现出以下症状:焦虑、紧张、不能冷静地思考、多疑、对疼痛有较强的忍耐力、听觉和视觉异常、腹泻、皮肤问题、有体重增加的趋势、频繁的情绪波动等。假如你出现其中5个以上症状,则应当增加这些B族维生素的摄入量。

（3）必需脂肪酸缺乏和不平衡。如果你出现过度口渴、慢性疲劳、皮肤干燥粗糙、毛发干燥、脱皮或有头皮屑、湿疹、哮喘或关节疼痛、诵读困难或学习困难、多动症、抑郁症或狂躁抑郁症、精神分裂症等其中5个以上症状，则最好做一个血液检查来确定体内的必需脂肪酸状况。日常生活中，我们要多吃一些植物种子和深海鱼类，保证必需脂肪酸的摄入。

（4）5-羟色胺缺乏。有心理问题的人中，5-羟色胺的缺乏最为普遍。5-羟色胺水平较低的人更容易发生抑郁、冲动、酗酒、自杀、攻击及暴力行为。如果你有以上这些症状，则说明你的5-羟色胺水平偏低，需要到专业医院进行诊治。日常生活中，要注意补充维生素C族和B族，多晒太阳，多运动。

2.通过最佳营养提高心理素质

（1）改善智力、记忆力和情绪。

大部分人都可以通过摄入最佳营养，使思考更敏捷，精力集中的时间更长。摄入最佳的必需脂肪酸，特别是Omega-3脂肪酸（深海鱼油），可以改善智力、减少暴力和改善情绪。摄入适量的优质蛋白质，可以改善情绪和记忆力、提高智力、增强体力。

此外，摄入过多的酒精、咖啡因和糖，还会导致暴力行为、焦虑、多动症、注意障碍。金属铝以及重金属如铅、镉均可在大脑中沉积，这些物质一旦摄入过多，也会降低我们的智力、注意力、记忆力和控制力。

（2）提升精力和抗压能力。

采取一些有效的饮食营养方案，来提升精力和抗压能力，防止疲劳驾驶。在日常工作和生活中，膳食宜选择易消化、营养价值高的食品；多吃含维生素A、C、B_1、B_2的食物，可以防止眼睛干燥、疲劳，减少夜盲症的发生；多吃富含粗纤维的食物，可以增强胃、肠的蠕动，防止便秘和痔疮；多吃含钙量较高的食物，可以减轻驾驶中的焦虑和烦躁感。饭量以七八分饱为好，勿暴饮暴食；每餐间隔时间5~6小时为宜，尽量做到定时就餐，切忌饥一顿、饱一顿；饮食应细软，不要狼吞虎咽，也不要只吃干食，适量喝汤有助于消化。

假如你遇到了难题、思虑过度或紧张不安，甚至严重失眠，不妨在睡觉前吃点香蕉、喝点脱脂牛奶或加蜂蜜的燕麦粥，这些香甜可口的食物会帮助你顺利入眠，且能让你睡得更安稳。

科学饮食　维护健康